AF453407

LE NOËL

DE

MONSIEUR MOUTON

ROMANS DE FÉLICIEN CHAMPSAUR

Dinah Samuel. — Mœurs de théâtre. — 22ᵉ mille. 3 fr. 50

Régina Sandri. — Mœurs de théâtre. — (Eugène Fasquelle, éditeur. 10ᵉ mille . . . . 3 fr. 50

La Faute des Roses. — *Comtesse de Lyralle, Armand Ceigneurair. Lucita Cillero*. — Décors de France et d'Italie. — Fasquelle, édit. 12ᵉ mille. . 3 fr. 50

Sa Fleur. — Mésaventure d'une jeune fille, *Suzanne de Jussieur*, avec un féministe. — Fasquelle, édit. 3 fr. 50

Poupée Japonaise. — *Sameyama*. — Histoire d'une mousmé devenue Impératrice. La vie du Yoshiwara. Le quartier de plaisir évoqué, tout le Japon ancien. — Fasquelle, édit. 7ᵉ mille . . . . 3 fr. 50

Lulu. — Roman clownesque, 200 dessins de maîtres. — (Fasquelle. édit. 22ᵉ mille . . . . . . 3 fr. 50

La Glaneuse. — (Fasquelle, édit.). . . . . 3 fr. 50

Le Semeur d'Amour. — *Lingam et Yoni*. — Roman hindou. — Fasquelle, édit. 9ᵉ mille . . . . 3 fr. 50

L'Arriviste. — Trilogie sociale : *Marquisette, Mᵉ Claude Barsac, La Montée*. — L'ouvrage complet en un fort volume, à 3 fr. 50. — 110ᵉ mille . . . . . (Épuisé.

L'Orgie latine. — (*Messalina*, 100 illustrations en couleurs d'Auguste Leroux — (Fasquelle, édit. 39ᵉ mille . . . . 3 fr. 50

L'Ingénue. — (*Mademoiselle Chosette*). École buissonnière d'une Vierge. — Jean Bosc et Cⁱᵉ, édit. 22ᵉ mille . . . . 3 fr. 50

Miss America. — Jean Bosc et Cⁱᵉ. édit. 33ᵉ mille. 1 fr. »

EN PRÉPARATION

Triomphe de la Vie.	**L'Auberge du Printemps.**
Soleils d'Afrique.	**Péchés en fleurs.**
Le Théâtre Nu.	**L'Abattoir.**
L'Autobus du Panthéon.	**L'Empereur des Pauvres**

Paris. — Louis Maretheux, imprimeur, 1, rue Cassette. — 20103.

FÉLICIEN

CHAMPSAUR

Portrait par H. Manuel

FÉLICIEN CHAMPSAUR

LE NOËL

DE

MONSIEUR MOUTON

COMÉDIE EN UN ACTE

Avec 18 illustrations hors texte

PARIS

LIBRAIRIE CHARPENTIER ET FASQUELLE

EUGÈNE FASQUELLE, ÉDITEUR

11, RUE DE GRENELLE, 11

1909

PERSONNAGES

***

Distribution des rôles à Paris, à la Comédie Royale
SAISON 1907-1908)

ALFRED MOUTON, pas beau,
45 ans . . . . MM. GRYON FILS.
JEAN DARDIER, gentil garçon,
30 ans. . . . . HENRI JULLIEN.
SONARD, replet et réjoui, . . . YVES MARTEL.
BAILLY, petit et maigre . . . . SCÉL.

MARTHE MOUTON, rieuse,
alerte, 25 ans. . . . . Mᵐᵉ CHRISTIANE DESROCHES.

DÉCOR

Un salon sans luxe, aux vieux meubles quelconques et confortables, disposés avec un goût bourgeois :

fauteuils de velours, aux sièges et aux dossiers voilés de guipures ;

sur la cheminée, à gauche, pendule en bronze doré, entre deux lampes, dont une seule est allumée.

Dans l'âtre, brûle un feu de coke.

Sur une table, une gerbe de roses dans une potiche japonaise.

Double porte au fond, ouvrant sur la salle à manger ; à droite, porte simple, sur l'antichambre et l'entrée de l'appartement.

LE NOËL

DE

MONSIEUR MOUTON

SCÈNE PREMIÈRE

MARTHE MOUTON, JEAN DARDIER

Marthe, habillée, mais, sur sa robe, un coquet tablier blanc, entre, venant de la salle à manger.

MARTHE

La dinde est cuite à point. Tout est prêt
pour notre réveillon. Mon chéri, tu m'as aidé

gentiment à mettre le couvert. (Elle s'est approchée, tendant ses lèvres.) Tu m'aimes?

JEAN

qui était assis à une table, en train d'écrire, avec soin,
relevant la tête.

Je t'adore!

MARTHE

Tu as écrit le menu?

JEAN

Je l'ai calligraphié sur ce bristol, à tranches dorées.

MARTHE

s'asseyant sur ses genoux.

Dis-moi ce qu'on va manger. Je le sais, puisque c'est moi qui ai tout préparé... Je n'ai pas voulu garder, ce soir, la femme de ménage. Mais nos amis seront contents, tout

de même, et nous serons plus libres aussi,
n'est-ce pas, mon Jean?... Lis le menu.

JEAN

Cinq douzaines d'huîtres, douze marennes
chacun, voilà pour commencer. Consommé
à la reine. La Reine, c'est toi, Marthe, ma
jolie petite femme. (Nouveau baiser.) Puis, la dinde
truffée; salade Espérance...

MARTHE

Ah! pour salade verte? c'est trouvé, mon
chéri.

JEAN

Dessert : Fromages, corbeille de fruits...

MARTHE

La corbeille magnifique que tu as arrangée
avec les énormes pommes Calville, les poires
duchesse, les raisins superbes que tu as reçus
de ta mère.

JEAN

Des fleurs de ma Gascogne!

MARTHE

Comment? des fleurs?

JEAN

De si beaux fruits, ce sont des fleurs qu'on mange. (Ils se lèvent.) Les vins pour terminer. Je m'y connais, je suis placier en vins, et je les ai choisis : Du Chablis épatant pour les huîtres; — puis, trois Château Mouton-Rothschild, — en votre honneur, madame Mouton, chère petite mienne; — enfin, du Champagne demi-sec, mis en réserve pour ce soir. Et une bouteille d'Armagnac, très vieux, dont on me félicitera : il a vingt-cinq ans, comme toi.

(Baiser, debout.)

MARTHE

Tu es un amour! (Elle prend le menu qu'il lui tend et va le regarder près de la lampe, s'asseyant à la place où

TENDRESSES

était, tout à l'heure, son amant. L'image aussi, tu l'as choisie? Le bonhomme Noël, en vieux marcheur...

JEAN

Dame! Il marche depuis près de deux mille ans!

MARTHE

En habit noir, très chic, couronné de houx, et la barbe chenue, distribue des cadeaux à de mignonnes danseuses... Oh! shoking! dans le coin, un petit faune tout nu!

(Elle se lève.

JEAN

Mais il se tient très bien.

MARTHE
debout, adossée à la table, amoureuse et friponne.

Qu'est-ce que tu veux que j'en fasse? puisque je l'ai, toi? Rendant le menu à Jean. Mais je le garderai. Ce sera pour les heures où nous ne pourrons pas être ensemble, un petit souvenir, *intime*, de toi... Comment faut-il te remercier?

JEAN

Une femme a toujours moyen de remercier un homme, petite femme que j'adore.
(Il baise le poignet de Marthe, à légers coups de langue.)
Je joue sur le satin.

MARTHE
se dégageant.

Je me suis habillée, parée pour le réveillon. Tu ne veux pas me chiffonner et me décoiffer?

JEAN

Soit! Alors, prête-moi tes lèvres, en t'abandonnant, un instant, sans autre pensée que nos désirs.

(Par derrière, d'une caresse promenée, il la câline un peu dans les petits cheveux du cou, mais en tenant ses mains derrière le dos.)

MARTHE

qui se pâme un tantinet, face au public.

Oh! Jean! Jean!... Tu me fais perdre la raison!

(Courte reprise du baiser.

JEAN

Tu vois comme mes mains ont été sages!

MARTHE

Heureusement! Je suis si faible avec toi!

(Jean fait quelques pas dans la pièce, les mains dans les poches, d'un air satisfait, puis, s'installant avec satisfaction dans un fauteuil, devant la cheminée, contemple toutes choses autour de lui.)

JEAN

C'est égal, on est bien ici! surtout, ce soir de Noël... Je me souviens qu'il y a deux ans, pas plus, j'étais seul, sans famille, à Paris, sans une petite femme que j'aime! *(Il la regarde.)*

et qui m'aime. Ne voulant pas rester triste-
ment dans mon logis, je rôdais dans les rues.
Les éventaires fantastiques de volailles, oies
et dindes de Noël aux devantures des épi-
ciers, les visages en fête de gens rentrant
chez eux, avec des paquets de gourmandises,
tout me rappelait mon enfance, mon pays,
le foyer, la vieille maman, là-bas, à Bergerac. Je m'échouai dans un café des boule-
vards, et je n'eus pas le courage de raccoler
une fille.

MARTHE

Oh !

DARDIER

Pour me faire illusion, n'être plus seul, et
réveillonner comme tout le monde. Oui, je
le souhaitais tant, mon adorée, le petit foyer,
dont tout homme a besoin pour se réchauffer
le cœur. *A Marthe qui est venue s'accouder au fauteuil.*
Je ne t'ai connue que cinq mois après, au
printemps; mais. déjà, je t'attendais!

*Baisers
     dans les petits cheveux
          du cou.*

MARTHE

A présent, c'est fini, mon chéri : tu as un intérieur.

JEAN

Le tien! *On sonne. Dans un cri d'amant surpris :* C'est ton mari!

MARTHE

sans bouger.

Non. Il a sa clef. D'ailleurs, la mienne est restée sur la porte pour prouver à nos amis, s'ils venaient en avance, que je ne crains pas d'être surprise...

JEAN

Ah! c'est pourquoi tu refusais tout à l'heure?

Marthe va, de l'autre côté de la chambre, se mettre derrière la table, comme pour avoir une barrière entre eux.

2.

MARTHE

Je me sauve! Ton regard libertin me fait
rougir.

JEAN

Tu pourras toujours dire que c'est le feu.

SCÈNE II

LES MÊMES, SONARD, BAILLY

SONARD

de l'autre côté de la porte, avec une gaîté prévenante.

C'est nous !

BAILLY

Les copains !

DARDIER

qui était allé ouvrir, serrant les mains.

Bonjour, Sonard ! Bonjour, Bailly !

BAILLY

On ne vous dérange pas ?... *(En passant devant Marthe.)* Mes hommages, chère Madame... *(S'installant sur le fauteuil, devant le feu.)* Il fait bigrement froid, dehors !

SONARD
réjoui.

Et, rentrant ici... (Après un coup d'œil ironique vers Dardier) où il fait chaud... (Tourné vers Marthe, très galamment) admirant ces roses et votre gracieux visage, il me semble voir le Printemps en plein hiver! (Se retournant, il tape sur l'épaule de Dardier.) Sacré veinard! On t'aime bien, mon garçon! (A Marthe.) Vous l'aimez bien aussi?

MARTHE
de belle humeur, assise de l'autre côté de la table.

Je vous aime également, tous les trois, qui êtes les meilleurs amis de mon mari.

BAILLY
à Sonard.

Ce n'est pas tout à fait exact; mais ça nous fait tout de même plaisir. N'est-ce pas, Sonard? (Avec un sourire malicieux.) Pourtant, Dardier, cet agréable chenapan, est plus près de votre cœur.

— J'aime également tous les amis de mon mari.
— Pourtant, Dardier, cet agréable chenapan, est
plus près de votre cœur.

DARDIER

Qu'est-ce que tu veux dire?

SONARD

Que vous habitez à Montmartre, dans la
même maison, le même étage, sur le même
palier. Monsieur Mouton, notre ami Mouton,
et sa délicieuse jeune femme, sur le devant,
toi, sur le derrière. C'est très commode.

DARDIER

Je ne comprends pas ces plaisanteries.

BAILLY

C'est pour tuer le temps, en attendant minuit...

SONARD
chantant.

Minuit, Dardier, c'est l'heure solennelle,
Où le boudin...

BAILLY

s'asseyant à califourchon sur une chaise, près de la table.

Dis donc, Dardier, on est allé chez toi. Comme tu n'y étais pas, nous avons supposé que tu étais ici, en avance, chez ce brave Mouton... Mais, on sait vivre; on a, d'abord, sonné chez toi.

SONARD

de l'autre côté, à Marthe.

Votre mari, Madame, va rentrer bientôt. Il est encore à sa maison d'automobiles. C'est, tout de même, dur de faire des heures de travail en supplément, le soir du réveillon!

MARTHE

souriante.

Qu'est-ce que vous voulez? Il y a un coup de collier à donner pour l'inventaire. Mon mari sera là, à onze heures et demie. Je lui ai dit, d'ailleurs, que j'aimais mieux qu'il me laisse tout arranger moi-même, à mon goût, (Se levant, elle passe devant les amis de son mari.) qu'il jouisse comme vous, tout à l'heure, sans rien savoir, du bon souper que j'ai organisé avec monsieur Dardier. (Joyeuse, elle arrange, devant la glace de la cheminée, quelques frisons rebelles.) Il ne manque rien, je l'espère.

DARDIER

Si ! une surprise. On l'appréciera tout à l'heure.

BAILLY
tirant sa montre.

Il est dix heures trente cinq ! Eh bien, mon vieux, on descend ensemble ?... Si tu veux, tu nous rejoindras à notre café.

MARTHE
s'installant dans le fauteuil, devant le foyer.

Et moi, je vais me reposer un brin.

BAILLY

En faisant chapelle!

SONARD

à Bailly.

Toi, tu vas me donner ma revanche de la partie d'écarté d'avant dîner, où tu m'as gagné les apéros... Chez nous, au Ministère de la Guerre, pas d'inventaire, heureusement. Personne ne s'occupe de savoir ce qu'il y a, ou ce qu'il n'y a pas. Tapant sur la table.) *Sommes-nous défendus?* comme dit le sénateur Humbert.

DARDIER

qui a mis son chapeau et prend le bras de Bailly.

Allons, pas de politique! Marcelin!

SONARD

chantant.

Noël! Noël!

MARTHE

MOUTON

TOUS
en chœur.

Voici le rédempteur!

DARDIER
parlé.

On sort. *S'inclinant respectueusement, à Marthe, qui leur tourne le dos :* A tout à l'heure, Madame.

BAILLY
forçant la note.

A tout à l'heure, Madame.

SONARD
même jeu.

A tout à l'heure, Madame.

(Dardier, resté le dernier, vient embrasser Marthe.

DARDIER

Je t'aime, toi!

MARTHE

Je t'adore, toi!

SONARD et BAILLY
dans l'escalier.

Eh! Dardier, viens-tu?

SCÈNE III

MARTHE
seule.

La porte fermée, on entend des rires dans l'escalier.

MARTHE

Oh! oui! je l'aime!

(Quelques secondes de silence, et Marthe fredonne la valse
de Rodolphe Berger : *La faute des roses*, inspirée par le
roman.

> Pour remplacer ces roses roses,
> Encore, vous en souvenez vous?
> Hier, j'ai mis des baisers fous...
> C'était bien la faute des roses!

(Elle se lève, dispose autrement les roses qui sont
sur la table, dans une potiche japonaise, et continue
à chantonner.

> Et vous étiez, ma foi, très rose,
> Marquise, vous en souvenez-vous?
> Car vous aviez des baisers partout...
> C'était bien la faute des roses!

Le bruit d'une porte qui s'ouvre.

Est-ce que ce serait déjà mon mari? (Entre
Mouton.) Oui! c'est lui!

SCÈNE IV

MARTHE, MOUTON

(Mouton, le col du pardessus relevé, bonne face placide, le nez rouge, son chapeau enfoncé jusqu'aux oreilles.)

MOUTON

Brr!... ça pince dans la rue! Il fait meilleur chez nous... Bonjour, ma chère petite bourgeoise.

MARTHE
négligemment.

Bonjour, mon loup.

MOUTON

Tu ne m'embrasses pas?

MARTHE

J'allais te dire la même chose. (Elle lui tend

MONSIEUR MOUTON

LA BONNE ÉPOUSE

sa joue. Oh! tu as le nez gelé... *Elle l'aide à enlever son pardessus, etc...)* Il fait froid?

MOUTON

Très froid... Et un vent!

Il retire avec peine son chapeau.

MARTHE

Tu es content?

MOUTON

Oui, très content, et je crois que les patrons le seront aussi. L'inventaire est fini, et il témoigne pour eux de cent mille francs de bénéfices de plus que l'an dernier. Ça va vite l'automobile! Et je compte sur une gratification chic pour te faire cadeau d'un chic boa! — Notre ami Dardier m'a demandé la permission de t'offrir... C'est une surprise qu'il compte te faire, tu auras l'air de ne rien savoir...

3.

MARTHE

M'offrir quoi donc, mon chéri?

MOUTON

Un manchon...

MARTHE

C'est galant.

MOUTON

Moi, je t'offrirai le boa. — Fais risette,
petite femme.

MARTHE

Je fais risette!

MOUTON

Et fais bisette!

MARTHE

Je fais bisette, de tout mon cœur.

LA BONNE ÉPOUSE :

— Je fais bisette.

MOUTON

Tu es heureuse?

MARTHE

Oui, je suis heureuse.

MOUTON

Moi aussi, je le suis, ma chère petite femme. (Il s'assied dans le fauteuil où Dardier se complaisait tout à l'heure.) Ah! qu'on est bien ici! Surtout, ce soir de Noël, où nous allons réveillonner avec de bons amis, Sonard, Bailly, Dardier, que j'aime bien, Dardier surtout. Il est charmant ce garçon, rieur, obligeant, boute-en-train, — farceur, — *mais sûr*. Un ami comme lui, à toute épreuve, une gentille bourgeoise comme toi, économe, c'est le bonheur!

MARTHE

de l'autre côté, adossée à la table.

Oui, tu as raison, c'est le bonheur!

MOUTON

Marthe, voilà cinq ans que nous sommes mariés. Je l'avoue, avant toi, j'ai eu vingt-six femmes. Oui, treize à la douzaine!... Je t'en demande pardon... Ah! j'adore les femmes! c'est vrai!... *Petit geste de Marthe.)* Mais, depuis cinq ans, tu résumes pour moi tout le charme et toute la beauté de toutes les femmes... Viens, que je t'embrasse!

MARTHE

Attends. Je vais, dans ma chambre, me pomponner un peu. Tu permets que j'emporte la lampe?

MOUTON

Oui, va. *(A Marthe, lui envoyant un baiser.* Tu m'aimes?

MARTHE
sur le seuil.

Oui, on s'aime bien.

FÉLICITÉ CONJUGALE

SCÈNE V

MOUTON

seul.

(La scène n'est plus éclairée que par le brasier de la che
minée. demi-obscurité dans la salle. Un peu de lumière,
qui filtrait sous la porte de la salle à manger, a dis-
paru.

MOUTON

à lui-même.

Elle est sûre aussi, celle-là!... Oh! oui,
très sûre!... Ma petite Marthe!... Moi, je vais
me réchauffer les pieds devant ces bonnes
bûches de Noël!

(Dans le fauteuil, dont le dossier le cache presque entière
ment, il chantonne quelque secondes la valse qu'aime
sa femme : *La faute des roses*, renverse la tête en
arrière, puis reste ainsi, sans bouger, les yeux fermés.

SCÈNE VI

MOUTON, DARDIER

(Dardier, entré sur la pointe des pieds, tient à la main une boîte ronde, soigneusement enveloppée et ficelée, suspendue par une boucle à son doigt. Il s'approche à pas de loup, vers le dos du fauteuil, dans lequel Mouton somnole, puis il se penche, et, dans l'obscurité, lui pose un long baiser sur les lèvres. — Mouton, surpris, ouvre des yeux tout ronds et ahuris. — Dardier se recule, effaré.

DARDIER

Nom d'un chien !

Mouton a bondi et se dresse en face de Jean, les bras croisés, le regard foudroyant. Il marche sur lui, tandis que Dardier recule toujours, les bras ballants, tenant son pâté qui brinqueballe au bout de son doigt.)

MOUTON

Traître !... Faux ami !... Tu me trompais ! Vous me trompiez avec Marthe... Et moi qui restais à travailler, là-bas, pendant que... Salaud! (D'un geste, il lui montre la porte.) Fous le camp!

(Répugnant à une violence, ou sentant qu'il n'en a pas le
     moyen, il lui tourne le dos, allume la seconde lampe
     restée sur la cheminée, — et la lumière revient dans
     la salle.)

DARDIER

à mi-voix, très embêté.

C'est la gaffe... (Un silence, pendant que Mouton,
qui a jeté un regard derrière lui, a l'air de vérifier si la
lampe marche bien.) La belle gaffe!...

     Pour s'occuper, machinalement, il fait tourner le pâté
     sur lui-même. — qui vire ensuite, tout seul, par suite
     de la torsion de la ficelle.)

MOUTON

se retournant.

Comment, Monsieur, vous n'êtes pas encore parti?

DARDIER

Mon vieux, je te jure que tu fais erreur...

MOUTON

On ne peut nier contre l'évidence... (S'affalant sur le fauteuil navré, à lui-même.) Qu'est-ce que je vais devenir... Je divorcerai... Mais, après, je serai là, *tout seul*, devant mon foyer, commençant à grisonner... (Douloureux.) Marthe ! Marthe !... Toi que j'aime tant !... Et ce désastre tombe sur moi, la veille de Noël. (Se mettant à tisonner.) Un joli réveillon ! Imbécile ! qui me faisais une joie de cette fête de famille !... (Furieux, levant la tête.) Et de mes bons amis !...

DARDIER
devant ce chagrin, pour dire quelque chose

Mais, écoute-moi...

MOUTON
furieux.

Je n'écoute rien !... Une seule personne pouvait être assise là dans ce fauteuil, à cette

LE BAISER

APRÉS LA MÉPRISE

heure, ma femme, ou moi... Tu ne vas pas me dire que c'est moi que...?

DARDIER

dont le regard s'égaie soudain.

Oh! une idée!... Essayons...

(Il pose son paquet sur la table, pour la farce qu'il se prépare à jouer.)

MOUTON

arrivé de l'autre côté de la scène, derrière la table, se retournant, voit le paquet.

Qu'est-ce que c'est que ça?

DARDIER

C'est un pâté, bourré de truffes du Périgord... que ma mère m'a envoyé de Bergerac... et...

(Mouton prend le paquet, et le lui jette avec hauteur.)

MOUTON

Je ne mange pas de ces truffes-là!

DARDIER
qui vient de recevoir le pâté jeté à la volée.

Tu ne veux donc rien comprendre, nom de nom?

MOUTON

Comprendre quoi?... Une seule personne, je te le répète, pouvait être là — moi ou ma femme !

DARDIER
la main levée en signe de serment.

Ta femme est digne de tous les respects de la terre. (Après un soupir, baissant la tête.) Il n'y a qu'un coupable... Ma confession sera sincère ; tu feras ce que tu voudras de moi, quand tu l'auras entendue. (Un geste de va-tout.) Tant pis ! Seul, je dois supporter le poids de ma faute qui ne peut atteindre une innocente. — Mon cher Mouton... (Comme le mari tourne le dos, il fait une grimace de confidence au public.) Mon très cher Mouton... tu m'entends?... Ta femme...

MOUTON
agacé.

Laissez ma femme, je vous prie.

DARDIER

Tu as raison, elle n'a rien à faire entre nous. (Il passe la main sur ses yeux, et semble prendre une énergique résolution.) Ce n'est pas madame Mouton que j'ai voulu embrasser...

MOUTON
dont la colère se change en stupeur.

Qu'est-ce que vous me chantez là? (Montrant le fauteuil.) J'ai dit : elle, *ou moi?*... Comme ce n'est pas moi, je suppose... (Dardier fait « oui » de la tête et se blottit la figure dans ses mains, au bout desquelles pend toujours le pâté.) Alors, c'est moi?

DARDIER
l'accent gascon.

Enfin! tu m'as compris!

(Il tend vers lui ses deux bras, et le pâté au bout de sa main droite.)

MOUTON

reculant.

Moi!... c'est moi!... *que...*?

DARDIER

C'est toi... *que!...* que!... (Ardent, comme à une femme.) Tout de suite, il y a deux ans, lorsque, un soir de printemps, Sonard nous a présentés l'un à l'autre, au café, pour une partie de billard, j'ai éprouvé cette... amitié dont je dissimulais le trouble. J'employais toute mon énergie à ne te laisser rien soupçonner. Pourquoi n'ai-je pas été plus maître de moi, tout à l'heure?... Je suis entré ici, et puis, je t'ai vu là, dans ce fauteuil... (Mouton écoute, ému, les mains jointes sur son cœur qui bat; son vieux visage ingénu rougit comme celui d'une chaste jeune fille écoutant la première déclaration d'amour.) Tu reposais si calme, les traits s'illuminaient d'un sourire... Alors, j'ai perdu la tête... Ça a été en moi, comme un fluide irrésistible qui m'entraînait vers tes

D'AMOUR

lèvres, et je t'ai donné ce baiser... Mouton s'essuie les lèvres avec les mains. Si j'avais pu me résister, dans cette minute mystérieuse, A la fin du couplet, les bras arrondis en guirlande autour de ses yeux qui s'amusent, il termine dans une mélancolie poétique : tu n'aurais jamais rien su...

MOUTON

dont la figure reflète à mesure les expressions d'ahurissement les plus variées, soudain convaincu, sans doute, avec une voix d'allégresse.

Ça va mieux ! Vous me dégoûtez, mais je sens comme un poids de moins, qui m'effondrait !... Marthe ! Ma chère petite Marthe ! Je suis toujours sûr de toi ! Très digne, debout devant la cheminée. Vous m'avez tué, monsieur ! .. Dardier ne comprenant pas. Oui, je suis mort pour vous, dorénavant... Adieu !

(Comme Dardier ne bouge pas, confus, l'implorant, il se met à tisonner. — incliné, en pleine lune.)

DARDIER

après un instant de silence, lourd, faisant un pas en avant.

Alfred !...

4.

MOUTON

pris de trac et se retournant brusquement.

Puisque vous n'avez pas la pudeur de disparaître, je vous chasse. Est-ce net, cette fois, monsieur Dardier?

DARDIER

J'obéis, Alfred, je me retire, triste à l'idée de perdre un ami tel que toi!... Tel que vous!... Adieu donc!... Je voudrais que ta femme...

MOUTON

Ma femme n'a rien à faire avec un homme comme vous!

DARDIER

Je voudrais qu'elle ignorât toujours notre secret, elle si pure, si réservée! Promettez-moi de taire cette minute... d'égarement... à Sonard, à Bailly, à nos connaissances communes!...

MOUTON

Vous êtes mon ancien ami... (Énervé, comme il a toujours les pincettes en main, il en touche l'extrémité et se brûle les doigts.) Je mettrai notre rupture sur le compte d'une discussion politique.

DARDIER

J'ai les même opinions que toi, Marthe le sait, ils le savent. Je suis, comme toi, radical-socialiste.

MOUTON

Nous n'aimons pas les mêmes hommes et de la même façon.

(Dardier lui tend la main; de l'autre, il tient toujours le pâté.)

DARDIER

Mouton!... Laisse-moi serrer, une dernière fois, ta main généreuse! (Mouton, indigné, le fauteuil entre eux, met sa droite derrière son dos, et, sans un mot, de l'autre, avec les pincettes, il montre la porte.)

Ma soumission est encore une preuve du sen-
timent que j'ai pour toi...

Faisant un pas pour s'en aller, il laisse le pâté sur la
table.

MOUTON

saisissant le paquet avec les pincettes.

Voulez-vous remporter ça !

(Dardier, sous ce nouvel affront, a repris son pâté en
faisant la figure du Christ aux outrages.)

DARDIER

L'amour de Jean Dardier, de Bergerac, a
un héroïsme que tous les gens du Nord ne
sauraient comprendre... Très triste. Tu ne me
reverras plus, Mouton !

MOUTON

soulagé, riant, malgré lui.

J'y compte bien !

Il lui tourne le dos.

LE REFUS DES TRUFFES

DARDIER

sur le seuil, comme dans un cri de passion qu'il ne peut retenir.

Ah! tu es beau!

(Il sort, quasi plié en deux, maîtrisant à peine sa gaîté.)

SCÈNE VII

MOUTON

seul.

(Il va à la cheminée, se contemple dans la glace, avec complaisance, s'examine, de face, de profil, de trois quarts, puis il va chercher une glace à main, pour se mirer de plus près.)

MOUTON

Effarant ! C'est effarant !... Je ne me croyais pas un Adonis !... Après tout, je ne suis pas mal ! Mais, sans cette scabreuse histoire, je serais mort avant de m'en douter... (Il ajuste son veston, faisant valoir sa croupe, tâche de rétablir le pli de son pantalon.) Ce soir, pour le réveillon, je me suis fait raser de frais... (Il se caresse la figure.) Ça m'avantage un brin... Autrement, je suis... Hem !... enfin... dans les passables... Non ! L'aventure est inouïe !... Il s'assied, près de la table où se trouve un face-à-main, qu'il prend machinale-

SATISFACTION

ment. Je la trouverais invraisemblable, si elle ne venait pas de m'arriver... Pourtant, les journaux, récemment, en racontaient de pareilles, encore plus raides, et dans la plus haute société .. (Il se mire. C'est flatteur, oui, mais c'est dégoûtant. Il est incontestable que c'est dégoûtant, — mais c'est flatteur!...

SCÈNE VIII

MOUTON, MARTHE

MARTHE
rentrant.

Je suis contente, mon ami, ce sera très bien, notre réveillon... Qu'est-ce que tu as?... Tu sembles tout guilleret... Comme il ne répond rien et joue maintenant avec son mouchoir. Qu'y a-t-il?... Comment! Tu mets, à présent, ton mouchoir dans ta manchette?... Pourquoi cette coquetterie?

MOUTON

Pour rien.... C'est plus commode. Dans la poche du veston, ça fait une bosse et déforme le buste.

— Je suis sûr que tu as rebuté Dédié...
Tu as dû le rebuter !... Oui, tu l'as rebuté !

MARTHE

étonnée.

Ah!... *(Regardant autour d'elle.)* Ton ami Dardier était là, tout à l'heure?... Il m'a semblé que je vous entendais discuter.

MOUTON

En effet, mais il est parti, et il ne reviendra plus.

MARTHE

l'air naïf.

Pourquoi?

MOUTON

C'est un sale individu : je l'ai flanqué à la porte de chez nous!

MARTHE

inquiète.

Ce soir, sans raison? Quand les autres

amis, Sonard et Bailly, vont revenir pour le réveillon!... Il faut que tu aies appris quelque chose de grave!

MOUTON

De très grave, en effet. (Prenant dans les siennes les deux mains de sa femme, qui essaye de faire bonne contenance.) Asseyons-nous, et causons, veux-tu? (Ils s'installent l'un en face de l'autre, lui sur un pouf, elle sur une chaise près de la table.) Je vais un peu te gronder... Est-ce que tu n'as rien à te reprocher? (Comme elle se détourne, il la ramène en face de lui.) Vis-à-vis de Dardier?

MARTHE
interloquée.

Moi!... Rien!... Comment?

MOUTON

Ce pauvre garçon a des excuses. Il est tout seul, à Paris, sans famille près de lui. Il aurait peut-être fallu, dans notre intimité, qu'il trouvât, davantage encore, l'atmosphère délicate d'une affection féminine... Moi, je suis son ami... Du moins, je l'étais... Mais toi? Est-ce que tu as été, suffisamment, son amie?

MARTHE

Suffisamment?

MOUTON

Tu as dû le rebuter, oui, tu l'as rebuté. (Tandis que Marthe, pour ne pas éclater de rire au nez de son mari, se dégage et va se mettre debout de l'autre côté, les mains appuyées à la table.) Tu l'as éloigné de la vie régulière, quand c'était charitable de donner à ce malade l'illusion d'un foyer... (Tournant son mouchoir qu'il a tiré de sa manchette.) Alors, il est arrivé ce qui devait arriver; dans son esprit... dans son esprit seulement... une inversion... sentimentale...

MARTHE

passant subitement de la crainte et de la défense à l'attaque.

Qu'est-ce que tu dis?... *Articulant toutes les syllabes.* Si je saisis... quelque chose... dans cette semonce... bizarre... *Avec une vivacité indignée.* j'aurais eu tort de ne pas me jeter dans les bras de monsieur Dardier!... *Haussant encore la voix.* Il fallait peut-être que je devienne sa maîtresse? *Elle passe par derrière son mari, tandis qu'il la suit, son derrière virant sur le pouf.* La maîtresse de ce type, trop satisfait de lui-même, que j'acceptais comme l'ami de la maison, parce que tu l'exigeais!... C'est abominable! ce que tu proposes là!... *Ayant l'air de sangloter, appuyée sur le marbre de la cheminée.* Oh! que je suis malheureuse!... Maman!

MOUTON

pour la calmer.

Voyons, ma chérie!...

MARTHE

pouvant à peine parler, avec son faux chagrin
qui lui remonte à la gorge.

Monsieur Dardier, je l'avoue, est très grand seigneur. Ce soir, encore, il a offert les vins, les desserts, les fleurs... Il devait apporter un pâté, *truffé*... (Mouton, par sa mimique, indique qu'il sait à quoi s'en tenir : c'était pour lui, Mouton, oui, c'était pour lui tout ça.) Il doit même m'offrir un manchon encore, à ce que tu m'as dit... Mais je n'aurais jamais supposé que, pour « soutenir » ses générosités, tu me conseillerais...? Alors, tu es un mari complaisant.

MOUTON

furieux, arpentant le salon.

Ça y est!... Elle va, elle s'emballe!... Elle me traite de... Elle est « verte », celle-là!... (Hors de lui.) Mais pour qui va-t-on me prendre encore, nom de Dieu?

5.

SCÈNE IX

MOUTON, MARTHE, SONARD, BAILLY

SONARD et BAILLY
qui entrent, brusquement, en chantant.

Minuit, Mouton, c'est l'heure solennelle...

(Ils s'arrêtent, interloqués, voyant les visages con-
trariés de Marthe et de Mouton.)

SONARD

Vous n'êtes pas comme nous, tout à la
joie, à la rigolade. (A Mouton.) Tu as la gueule
d'un gendre qui vient de bouffer sa belle-
mère !

BAILLY
lui caressant le menton.

Ce n'est pas mon avis. Je te trouve en
beauté, ce soir. Tu es joli...

Tu es joli, ce soir, Alfred.

MONSIEUR MOUTON :
— Plus que tu ne crois, mon vieux.

MOUTON

Plus que tu ne le crois, mon vieux.

SONARD

Dardier n'est pas là? Il devrait être ici, *le premier*.

MOUTON

Il ne viendra pas. — Il ne viendra plus jamais.

BAILLY

Tu es fâché avec Dardier? Votre plus intime ami? Il nous a dit qu'il préparait une surprise.

MOUTON

Elle n'a pas été de mon goût.

SONARD

Je ne sais ce qui est arrivé... Mais ça

dérange tout, on était habitué. Ça faisait le trio...

MARTHE

énervée.

Quel trio ?

SONARD

claironnant et détaillant les noms, pour donner une explication honnête.

Les trois amis, Madame : Dardier, — Sonard, — Bailly.

BAILLY

en voix de fausset.

Bailly, — Sonard, — Dardier.

MOUTON

On le remplacera.

SONARD

Ah ! (A Bailly, lui poussant le coude.) Il en a de bonnes !

MARTHE

Mais enfin, mon ami, pourquoi cette brouille subite?...

MOUTON

On va réveillonner tout de même ; seulement, monsieur Dardier ne s'asseoira pas à notre table de famille. C'est un infect personnage.

SONARD

Alors, quoi?...

BAILLY

Explique-nous...

MARTHE

Ce n'était pas à propos de moi, au moins? Oh! tu sais, je te le demande : mais au fond, cela m'est égal... Je m'intéresse à cette

brouille, parce que je vous savais très liés
ensemble, voilà tout.

(Elle fait un geste d'indifférence.)

MOUTON

Dardier ne reviendra plus jamais...

(Sonard regarde tour à tour Marthe et Mouton, puis
Bailly, son compère, qui ne comprend pas plus que
lui.

SONARD
goguenard.

Ça vous fera un adorateur de moins... Car,
j'en suis sûr, il vous faisait la cour.

MARTHE

Non. Vous vous trompez.

MOUTON
bon enfant.

Tu peux bien me l'avouer à moi, entre
nous.

MARTHE

Il n'y a jamais songé. Tu es injuste ! Ah ! voilà bien la clairvoyance des maris !... Sonard, Bailly m'ont fait la cour...

SONARD
jovial.

Ça, y a pas d'erreur !

BAILLY

Sans résultat, hélas !

MARTHE

D'autres encore m'ont fait la cour, tous, excepté lui.

MOUTON
répétant comme un écho.

Excepté lui ! C'est bien ça ! (Scandant ses mots.) Jamais ce sale individu ne refoutra les pieds chez moi !

(Marthe, Sonard, Bailly se regardent, interrogatifs et comme stupides.)

BAILLY

Pourquoi?

SONARD

Pourquoi? *Affectueusement.* Mouton!... mon brave Mouton... Voyons, si tu ne l'ouvres pas... à de vieux amis comme nous, alors à qui?

MARTHE
nettement.

Et puis, moi, je commence à l'exiger.

MOUTON

Eh bien, je ne veux pas faire plus long-temps de cachotteries avec ma femme et avec vous... Mais il faut que vous me « ju-riez » de ne parler à personne de ce que je vais vous dire... à personne!

SONARD et BAILLY

C'est juré.

MOUTON

Parce qu'on promet souvent de ne rien dire, et puis le secret se répand... Vous ne devineriez jamais... *J'ai flanqué Dardier à la porte...*

SONARD
un peu agacé de cette répétition.

Oui... Nous le savons.

MOUTON

Ah! j'y vois clair, maintenant!... A Sonard. Voilà deux ans que tu m'as présenté Dardier?

SONARD

Oui!...

MOUTON

Est-ce que tu lui connais une maîtresse?

SONARD
hésitant un peu, en regardant Marthe.

Mais... Non!...

MOUTON

triomphant.

Ah! *(A Bailly.)* Et toi?...

BAILLY

même jeu que Sonard.

Moi non plus!...

MOUTON

de plus en plus victorieux.

Ah!... *(A Marthe.)* Et toi?...

MARTHE

un peu confuse.

Mais... mon ami!... Je ne sais pas...

MOUTON

vivement.

Oui, c'est juste... Il ne se serait pas permis de te parler d'une autre femme. — Donc, Dardier n'a pas de maîtresse? C'est bien établi.

SONARD

C. Q.

BAILLY

F. D. — Ce Qu'il Fallait Démontrer.

SONARD

Eh bien?

BAILLY

Qu'est-ce que ça prouve?

MOUTON

Ça prouve... qu'il n'aime pas les femmes.

SONARD
riant.

Hein?... tu dis... toi, que Dardier n'aime
pas les femmes?...

MOUTON

Non!

BAILLY

riant.

Alors... il aime les...

MOUTON

affirmatif.

Oui !

BAILLY

éclatant.

Lui!... Dardier?... Ah! non!...

SONARD

Impossible !

MOUTON

C'est comme je vous le dis...

MARTHE

Comment, tu acceptes aussi facilement une calomnie?...

?????

LE MARI :

C'est moi qu'il aime.

!!!!!!

BAILLY

Mais oui !...

MOUTON

Une calomnie ?...

SONARD

Oui, Monsieur, une calomnie !

MOUTON

Il faut donc que je vous dise tout ?... (*Baissant les yeux, l'air ingénu de la jeune fille du tableau de Greuze,* La Cruche cassée.) C'est moi qu'il aime !... (A Marthe.) Je suis confus de raconter ça devant toi, ma chérie... Il m'a déclaré son... sa... tout à l'heure...

SONARD

C'est une blague qu'il t'a faite.

BAILLY

Tu te moques de nous.

MOUTON

Du tout. — Voici comment ça s'est passé. (Sonard, Marthe et Bailly, assis de l'autre côté de la table, sont groupés, attentifs.) Je m'étais assoupi là, (Reconstituant la scène.) dans ce fauteuil. Il n'y avait pas d'autre lumière que celle du foyer. Quelqu'un est entré, sans que je l'entende, et, tout à coup... j'ai senti deux lèvres brûlantes. Je bondis. (Sonard et Bailly rient, Marthe rit.) Qu'est-ce que vous avez à rire?...

SONARD

Rien!...

MARTHE

Rien!...

BAILLY

Continue! Tu nous intéresses!

MOUTON

Je bondis en voyant devant moi, les traits

bouleversés, les yeux lubriques, l'air d'un faune effrayé, Dardier... Vous voyez bien qu'il n'y a pas de doute?

(Marthe comprend. Bailly et Sonard échangent un coup d'œil narquois.)

SONARD

Après, — qu'est-ce que tu lui as dit?

MOUTON

Sur le moment, j'étais interloqué, ma première pensée était folle. J'ai cru qu'il m'avait pris pour ma femme.

MARTHE

Oh! tu as pu supposer?...

MOUTON

Mais, ma chérie... Ma petite Marthe!

MARTHE

Je ne veux pas en entendre davantage !

(Elle s'en va, parce qu'elle ne peut pas retenir son
rire. — Comme M. Mouton va pour lui expliquer
sa bonne foi, elle lui ferme la porte au nez.)

SCÈNE X

MOUTON, SONARD, BAILLY

SONARD

Elle a raison, mon vieux!... C'était une idée absurde — et offensante.

BAILLY

Complètement ridicule. Ta femme est l'honnêteté personnifiée...

SONARD

D'ailleurs, elle et toi, vous ne vous ressemblez pas.

Les amis échangent de nouveaux coups d'œil.

MOUTON

Aussi! quand il m'a avoué sa passion honteuse, je l'ai expédié, comme il convenait. (Au souvenir, la colère lui remonte.) Cochon !

BAILLY

Qui aurait cru ça? (Sonard et Bailly réussissent à peine à réprimer leur joie.) C'est monstrueux!

SONARD

à faux, sans conviction.

C'est monstrueux!

MOUTON

assis.

Ça arrive, vous le voyez... La preuve est assise là, devant vous... Sans compter les faits que rapportent les journaux étrangers...

SONARD

après un silence, accoudé à la cheminée,

Et il est parti comme ça, sans protester?

MOUTON
assis près de la table.

En emportant le gros pâté de truffes, qu'il venait, m'a-t-il dit, de recevoir du Périgord!

SONARD
à Bailly, bondissant.

C'était la surprise! Alors, il a emporté le pâté?

BAILLY
se pourléchant les babines.

Ça, c'est embêtant!

SONARD

Oui, très embêtant! Voilà une fête ratée!

MOUTON

On réveillonnera à nous quatre.

SONARD
la lippe basse, — navré, et tournant le dos à Mouton.

Sans le gros pâté de truffes du Périgord?

MOUTON

à Bailly.

Mais il y a autre chose pour souper.

Bailly tourne le dos également. Un instant de froid. — Mouton, tout seul, au milieu de la chambre, — les deux compères à l'écart, le boudant.

SONARD

C'était si bien organisé ainsi, tout ça ! Tu as été, peut-être, un peu vif ?

BAILLY

Tu prends tout au tragique...

MOUTON

Qu'auriez-vous fait à ma place ?

BAILLY

Nous aurions rigolé.

MOUTON

Vous auriez rigolé ?

SONARD

Parfaitement. Nous aurions rigolé... Tu
te montes le cou, et tu nous ennuies !

MOUTON

Je me monte le cou ! (Il prend le miroir à main
resté sur la table et se regarde, satisfait. Haussant les
épaules.) Je me monte le cou ?

(Sonard était adossé au fauteuil, accablé par cette
catastrophe : une fine partie de gourmandise perdue ;
tout à coup, s'avançant, rusé, câlin, vers Mouton.)

SONARD

Si j'étais toi, mon brave Mouton, je me
montrerais grand !...

BAILLY
se rapprochant aussi.

Miséricordieux !...

SONARD
la main sur l'épaule.

Magnanime !...

BAILLY

Et je l'enverrais chercher...

Au fond, dans le cadre de la porte entr'ouverte de la
salle à manger, on voit, quelques instants, le minois
de Marthe, aux aguets.)

MOUTON

Dardier?

BAILLY

Non... Le Pape.

SONARD

En lui disant de rapporter le pâté.

BAILLY
prenant la main de Mouton.

Et tout serait fini...

SONARD
lui prenant l'autre main.

En bons vieux camarades!

MOUTON

Vous me le conseillez?

SONARD

lui secouant le bras.

Je le vois, tu es ébranlé...

BAILLY

Il n'y a que cela à faire!

SONARD

Pour une vétille, après tout!...

MOUTON

Un rêve!...

SONARD

Dans un fauteuil!... Allons, Dardier doit
être chez lui, sur le derrière... Je pars, et le
ramène...

BAILLY
à Sonard.

Tu n'as pas peur, toi?

MOUTON

Non, non!... Après ce qui s'est passé, je
ne veux pas le revoir!

(Rentre Dardier.)

SCÈNE XI

MOUTON, BAILLY, SONARD, DARDIER

(Dardier, narquois, le pâté toujours pendu à son poignet. —
Tous le regardent; un silence.)

DARDIER

Me voilà! N'est-ce pas qu'elle est bien
bonne?

MOUTON

Quoi donc?

DARDIER

Ma farce, parbleu! ma farce!

MOUTON

Quelle farce, monsieur?

DARDIER

Le baiser!

SONARD

à Mouton.

C'était sa surprise.

BAILLY

Ah! Très bien!

MOUTON

Le baiser!... Comment! c'était une farce?

(Tous rient aux éclats.)

DARDIER

Regarde nos amis!... Je suis Gascon! Tu
l'as oublié?... Jean Dardier, de Bergerac...

MOUTON

méfiant, à Sonard, qui opine de la tête.

Une farce?

BAILLY

Une bonne farce!

SONARD
à l'amant, par dessus le front du mari.

Et le pâté?

DARDIER

Le voilà! (Il le donne à Mouton.) Tu as rudement marché, — mon amour!

(Les deux compères se tordent. Mouton les regarde, ne sachant plus que croire, avec des yeux vagues de taureau harcelé par trois bons banderilleurs.

BAILLY

Ça m'embêterait d'avoir marché autant!... C'est un sacré compliment que Dardier te faisait là, — gentil garçon!... Tu es troublant.

SONARD
à Mouton.

Oui, Dardier aurait eu, si ce n'avait été

une blague, des circonstances atténuantes...
Enfin, c'est fini cette rude alerte!... Mouton, tu es tranquillisé, maintenant, pour ta
vertu.

MOUTON

peu convaincu.

Oui!... Oui!...

SCÈNE XII

Les Mêmes, MARTHE

MARTHE

qui a ouvert à deux battants la porte de la salle à manger
annonçant :

Ces messieurs sont servis. (Voyant Dardier,
Comment! monsieur Dardier est là?

(Tandis que son mari, penaud, baisse un instant la
tête, elle échange avec son amant un coup d'œil
complice.)

MOUTON

Oui! C'est une plaisanterie...

SONARD
à mi-voix.

Sans fondement.

MOUTON

... que ce farceur de Dardier m'a faite. Je pourrais m'en fâcher, sérieusement; mais j'aime mieux pour tous, ce soir de Noël, la prendre... du bon côté.

(Petit rire de Bailly.)

BAILLY

Bravo! Bravo!

SONARD

Bravo! mon vieux!... Dardier, offre ton bras à madame Mouton.

MARTHE

Je devrais refuser. Je vous en veux un peu, monsieur Dardier, de vous être moqué de mon mari.

SONARD :
  — Pour sceller cette réconciliation, on va vous mettre
  l'un à côté de l'autre : Dardier et Mouton.

DARDIER :
  — Avec grand plaisir !

MOUTON :
  — Ah ! non, pas à côté de moi ! A côté de ma femme !

DARDIER

Une gasconnade!... Une galéjade... (S'inclinant vers Marthe,) dont je vous demande pardon.

(Elle accepte son bras.)

SONARD

prenant le bras droit de Mouton, tandis que Bailly prend le gauche.

Pour sceller cette réconciliation, on va vous mettre l'un à côté de l'autre : Dardier et Mouton.

DARDIER

en avant, avec Marthe, sur le seuil de la salle à manger, se retournant :

Avec grand plaisir!

MOUTON

de dos, entre Sonard et Bailly, de dos également.

Ah! non, pas à côté de moi! A côté de ma femme!

SONARD et BAILLY

chantant, pour dissiper gaiement les derniers doutes du mari.

Noël!

Noël!

TOUS

pendant que le rideau tombe.

Noël!

Noël!

Photos

de

M. Henri Manuel

et de

MM. Paul Boyer et Bert.

❦

Roses et houx, par M. Benedictus.

❦

Graveurs : MM. Mulot, Kriéger et Cie.

❦

Imprimeur : M. Louis Maretheux.